6·7 세
가 ─ 다

어린이
국어
따라쓰기

편집부편

와이 앤 엠

어린이
국어
따라쓰기

★ 모음자 'ㅏ'를 익히고 예쁘게 따라 써 봅시다.

아	기

아	침

$$ㅇ + ㅏ = 아$$

아 아 아 아 아

나비

나무

나팔

마당

마루

바다

☆ 'ㅏ'가 들어가는 낱말을 따라 써 봅시다.

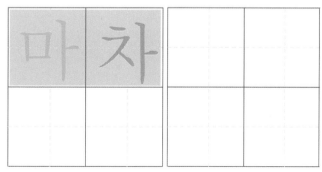

마차

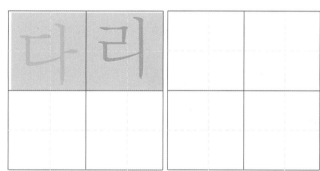

다리

바늘

⭐ 빈칸에 알맞은 글자를 써 넣고 오른쪽 쓰기 칸에
예쁘게 따라 써 봅시다.

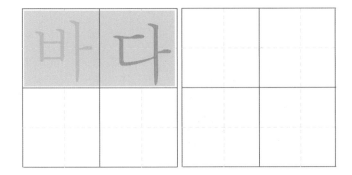

다

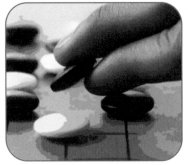

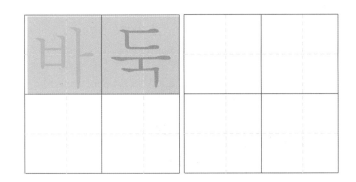

둑

람

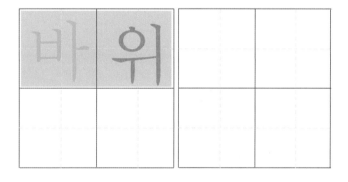

 위

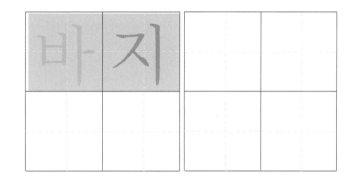

 지

 슴

⭐ 자음자와 모음자를 짝지워 낱말을 만들어 봅시다.

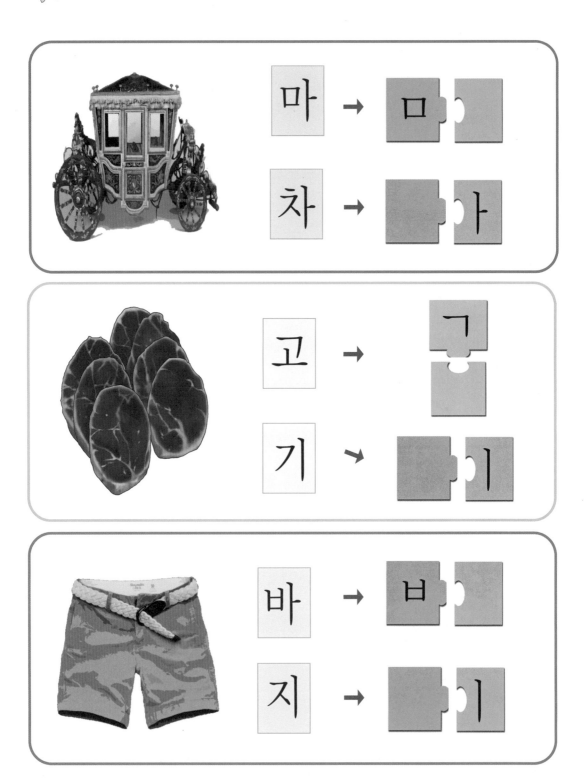

마 → ㅁ ㅏ

차 → ㅏ

고 → ㄱ

기 → ㅣ

바 → ㅂ

지 → ㅣ

만들어진 낱말을 예쁘게 따라 써 봅시다.

마차

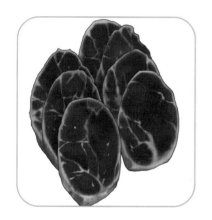

고기

바지

⭐ 자음자와 모음자를 짝지워 낱말을 만들어 봅시다.

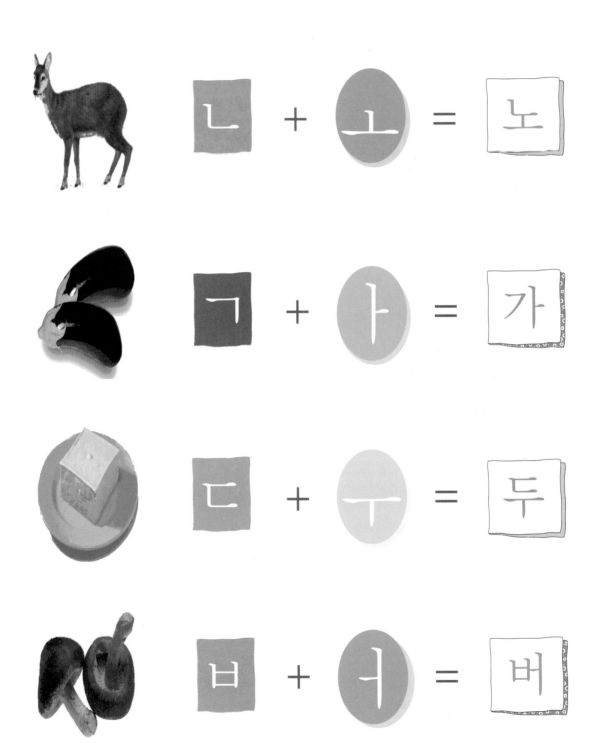

ㄴ + ㅗ = 노

ㄱ + ㅏ = 가

ㄷ + ㅜ = 두

ㅂ + ㅓ = 버

☆ 보기와 같이 글자에 받침을 더하여 새로운 글자를 만들고 읽어 봅시다.

코 + ㅇ → 코
　　　　　　ㅇ

자 + ㅁ → 자
　　　　　　ㅁ

차 + ㅇ → 차
　　　　　　ㅇ

13

⭐ 모음자 ‘ㅑ’를 익히고 예쁘게 따라 써 봅시다.

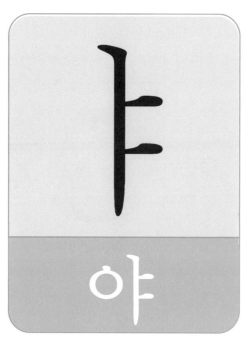

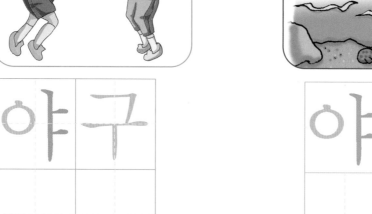

⭐ '야'를 바르게 읽고 예쁘게 따라 써 봅시다.

$$ㅇ + ㅑ = 야$$

야 야 야 야 야

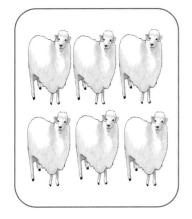  

양떼 양말 양복

⭐ '야' 가 들어가는 낱말을 따라 써 봅시다.

농	약		

야	구		

야	자	나	무

☆ '야'가 들어가는 낱말을 따라 써 봅시다.

약	방		

약	수	터

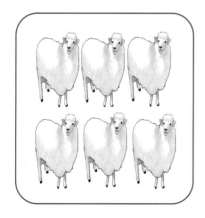

양	떼		

⭐ 빈칸에 알맞은 글자를 써 넣고 오른쪽 쓰기 칸에 예쁘게 따라 써 봅시다.

 념

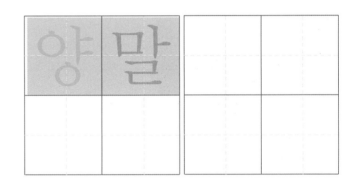

 말

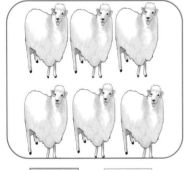

 떼

 복

양	복		

야	구		

 국

약	국		

⭐ 자음자와 모음자를 짝지워 낱말을 만들어 봅시다.

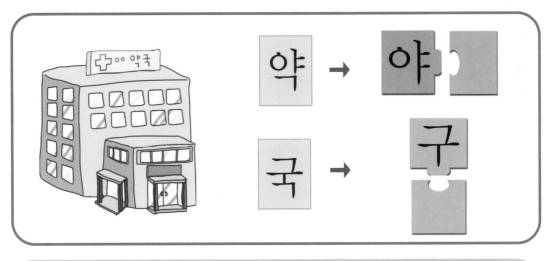

약 → 야

국 → 구

야 → 야

구 → ㄱ

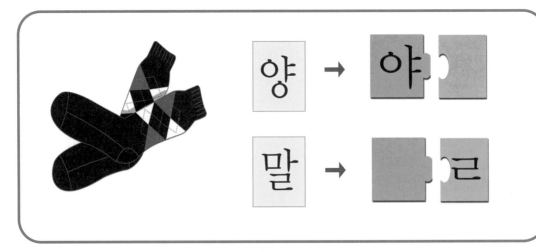

양 → 야

말 → ㄹ

만들어진 낱말을 예쁘게 따라 써 봅시다.

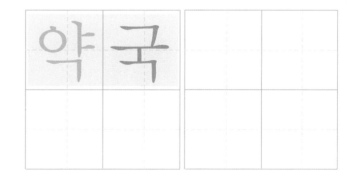

약 국

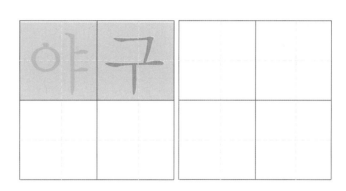

야 구

양 말

⭐ 자음자와 모음자를 짝지워 낱말을 만들어 봅시다.

 ＋  ＝ 야

 ㄱ ＋ ＝ 가

 ㅇ ＋ ㅕ ＝ 여

 ㄴ ＋ ㅓ ＝ 너

22

⭐ 보기와 같이 글자에 받침을 더하여 새로운 글자를 만들고 읽어 봅시다.

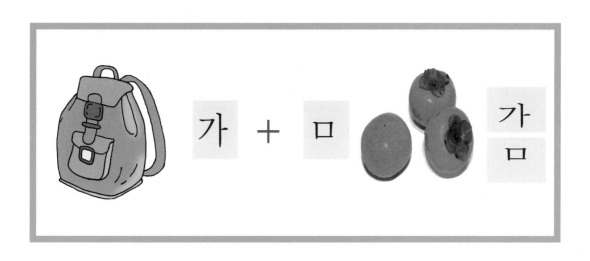

 사 + ㅇ  사ㅇ

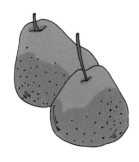 배 + ㅁ  배ㅁ

⭐ 빈칸에 알맞은 모음자를 보기에서 찾아 넣어 낱말을 완성하여 봅시다.

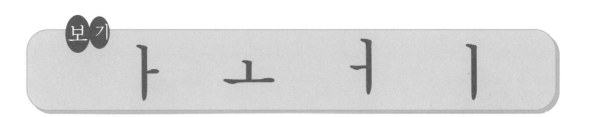

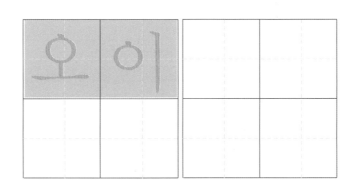

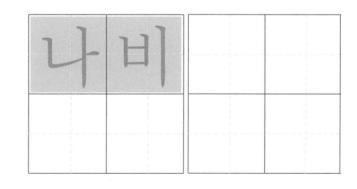

나비

ㄱ 위

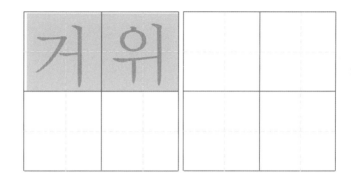

거위

마 ㅊ

마차

★ 그림을 보고 서로 알맞은 것끼리 선으로 연결하여 봅시다.

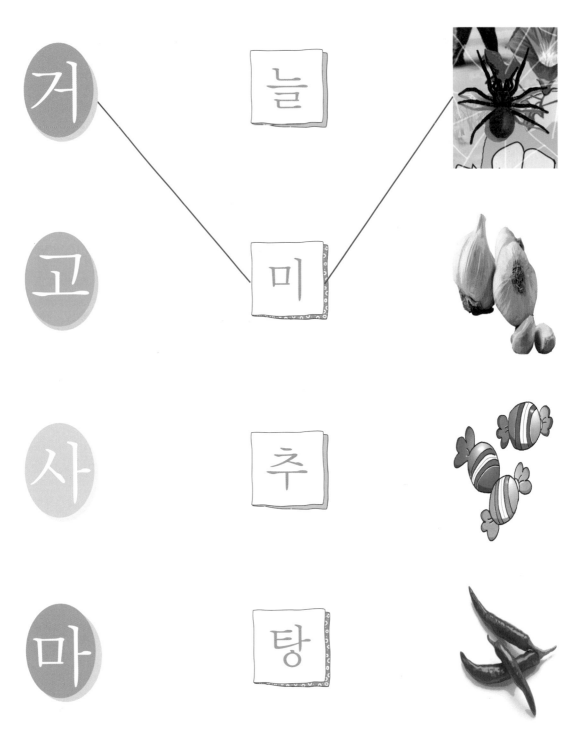

거

늘

고

미

사

추

마

탕

⭐ 그림에 알맞은 낱말을 예쁘게 따라 써 봅시다.

거미

마늘

사탕

⭐ 다람이가 그림책에서 본 것입니다. 그림을 보고 알
맞은 글자를 써 넣어 주세요.

사슴	김치	수박	배추	문어
국수	사과	치즈	대문	배꼽

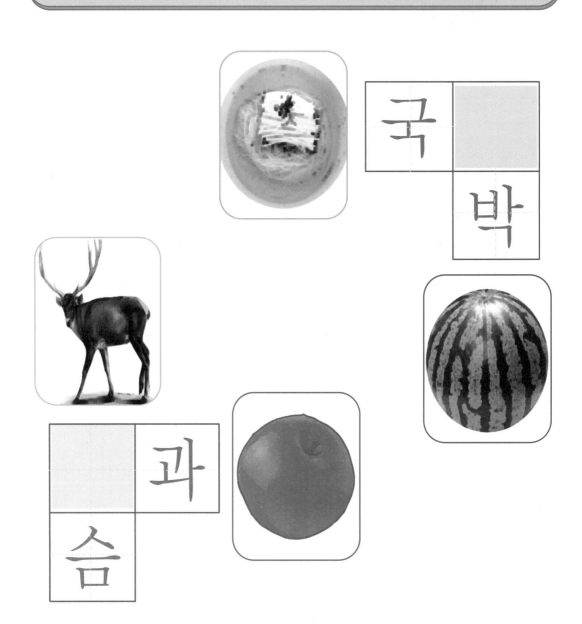

국

박

과

슴

김

즈

대

어

꼽

추

29

☆ 모음자 'ㅓ'를 익히고 예쁘게 따라 써 봅시다.

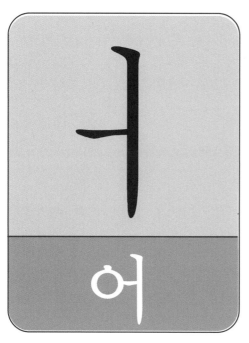

☆ '어'를 바르게 읽고 예쁘게 따라 써 봅시다.

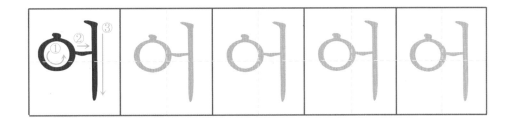

어 어 어 어 어

어 깨

엉 덩 이

⭐ '어' 가 들어가는 낱말을 따라 써 봅시다.

어린이

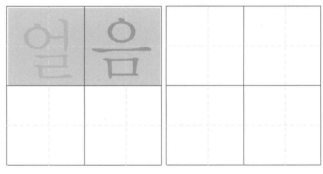

얼음

어머니

얼	룩	말

얼	굴		

엉	덩	이

33

☆ 빈칸에 알맞은 글자를 써 넣고 오른쪽 쓰기 칸에
예쁘게 따라 써 봅시다.

얼	굴		

 굴

얼	음		

 음

어	깨		

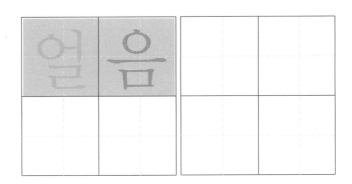 깨

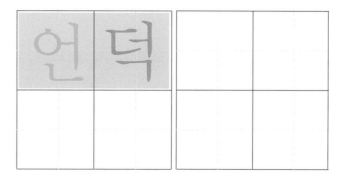

 덕

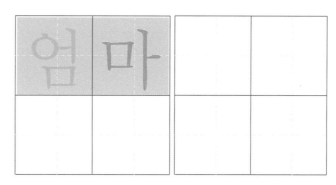

 마

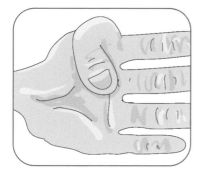

엄지

 지

★ 자음자와 모음자를 짝지워 낱말을 만들어 봅시다.

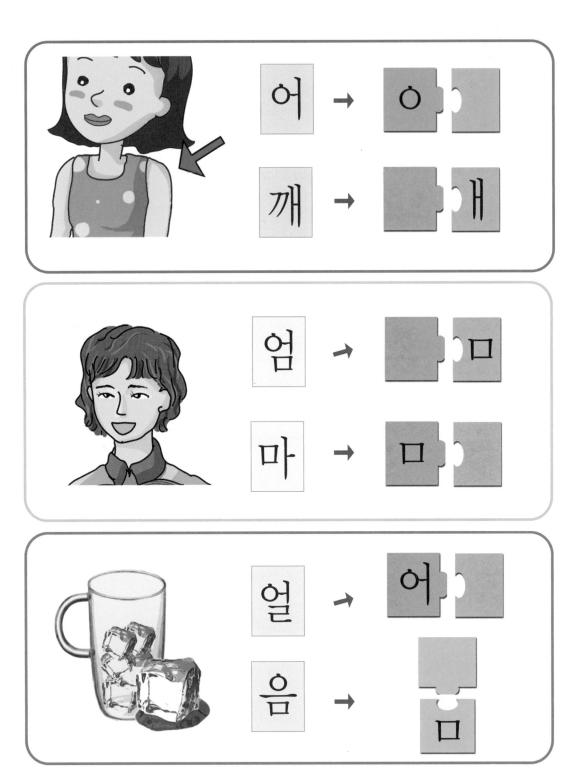

☆ 만들어진 낱말을 예쁘게 따라 써 봅시다.

어 깨

엄 마

얼 음

★ 빈칸에 알맞은 모음자를 보기에서 찾아 넣어 낱말
을 완성하여 봅시다.

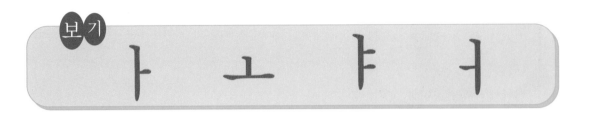
보기

ㅏ ㅗ ㅑ ㅓ

얼	음		

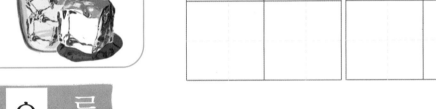
ㅇ 름

고	추		

ㄱ 추

야구

 ㅇ 구

아기

ㅇ 기

마차

마 ㅊ

⭐ 자음자와 모음자를 짝지워 낱말을 만들어 봅시다.

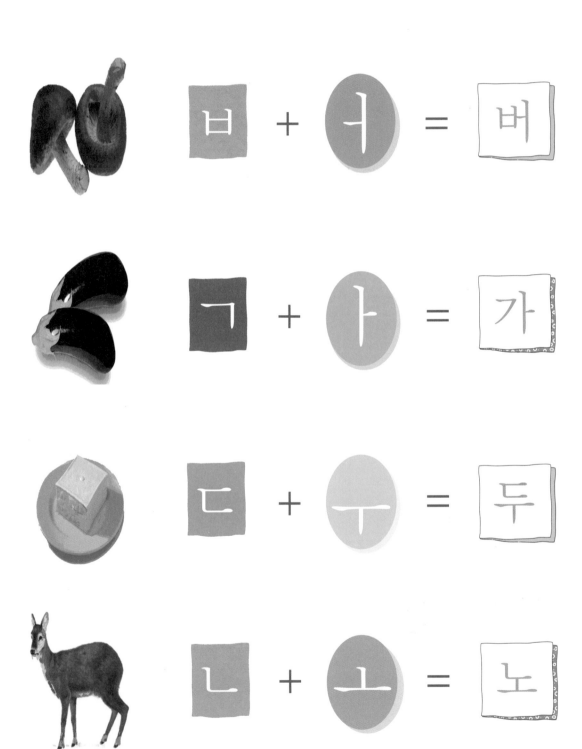

ㅂ + ㅓ = 버

ㄱ + ㅏ = 가

ㄷ + ㅜ = 두

ㄴ + ㅗ = 노

★ 보기와 같이 글자에 받침을 더하여 새로운 글자를 만들고 읽어 봅시다.

소 + ㄹ   소
          ㄹ

개 + ㅁ

개
ㅁ

무 + ㄹ

무
ㄴ

⭐ ㅏ, ㅑ, ㅓ, ㅕ, ㅗ가 ㄱ, ㄴ, ㄷ, ㄹ을 만났을 때 어떤 글 자가 되는지 보고 아래에 따라 써 봅시다.

ㅏ	ㅑ	ㅓ	ㅕ	ㅗ
아	야	어	여	오

ㄱ	가	갸	거	겨	고
ㄴ	나	냐	너	녀	노

ㄷ	다	댜	더	뎌	도
ㄹ	라	랴	러	려	로

☆ ㅛ,ㅜ,ㅠ,ㅡ,ㅣ가ㄱ,ㄴ,ㄷ,ㄹ을 만났을 때 어떤 글자가 되는지 보고 아래에 따라 써 봅시다.

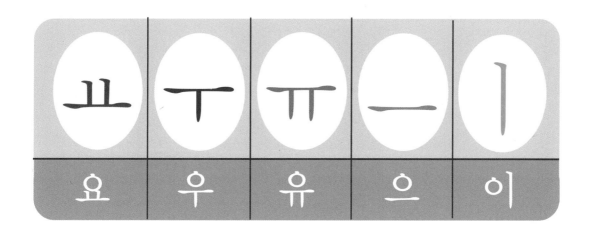

| ㄱ | 교 | 구 | 규 | 그 | 기 |
| ㄴ | 뇨 | 누 | 뉴 | 느 | 니 |

| ㄷ | 됴 | 두 | 듀 | 드 | 디 |
| ㄹ | 료 | 루 | 류 | 르 | 리 |

여

여우

여름

ㅇ + ㅕ = 여

여 여 여 여 여

여섯   여자   여행

45

★ 'ㅕ' 가 들어가는 낱말을 따라 써 봅시다.

여	름

열	무	김	치

여	왕	벌

☆ '여'가 들어가는 낱말을 따라 써 봅시다.

여	행		

미	역		

여	자		

⭐ 빈칸에 알맞은 글자를 써 넣고 오른쪽 쓰기 칸에
예쁘게 따라 써 봅시다.

염	소		

 소

여	자		

 자

여	왕	벌

 왕 벌

 탄

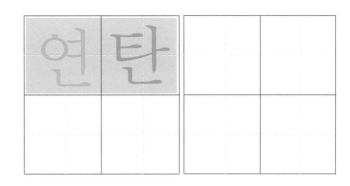

 필

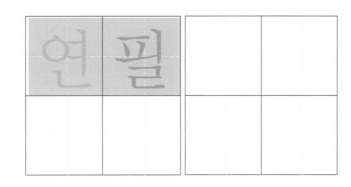

감

★ 자음자와 모음자를 짝지워 낱말을 만들어 봅시다.

ㅇ + ㅕ = 여

ㅅ + ㅗ = 소

ㅁ + ㅏ = 마

ㅈ + ㅏ = 자

⭐ 만들어진 낱말을 예쁘게 따라 써 봅시다.

여	우		

소	라		

자	동	차

☆ 빈칸에 알맞은 모음자를 보기에서 찾아 넣어 낱말을 완성하여 봅시다.

보기

여	우		

오	리		

얼	음		

여	치		

⭐ 다람이가 그림책에서 본 것입니다. 그림을 보고 알맞은 글자를 써 넣어 주세요.

| 사다리 | 바다 | 너구리 | 교실 |
| 실내화 | 바구니 | 연필 | 필통 |

교	

	내
	화

연	
통	

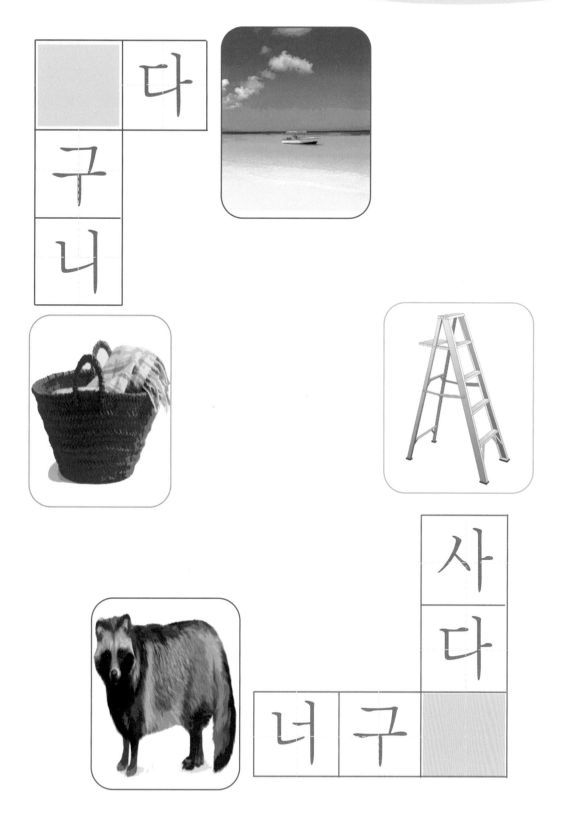

다

구

니

사

다

너 구

⭐ 모음자 'ㅗ'를 익히고 예쁘게 따라 써 봅시다.

☆ '오'를 바르게 읽고 예쁘게 따라 써 봅시다.

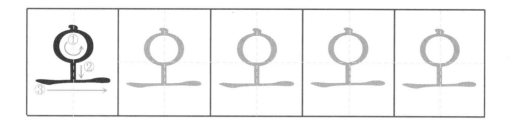

오리

오른손

☆ '丄'가 들어가는 낱말을 따라 써 봅시다.

오	두	막

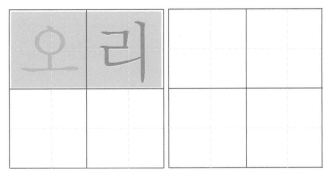

오	리		

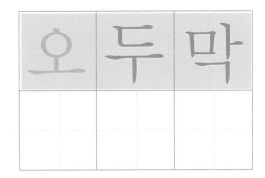

오	른	손

58

⭐ 'ㅗ'가 들어가는 낱말을 따라 써 봅시다.

오	이		

오	소	리

오	징	어

⭐ 빈칸에 알맞은 글자를 써 넣고 오른쪽 쓰기 칸에
예쁘게 따라 써 봅시다.

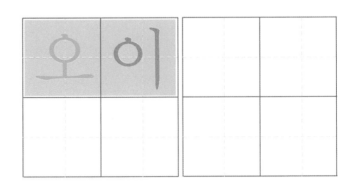

이

도계

온도계

실

온실

올	챙	이

오	락		

오	징	어

⭐ 자음자와 모음자를 짝지워 낱말을 만들어 봅시다.

  +  =

 ㅂ + ㅓ = 버

 ㅇ + ㅛ = 요

 ㅅ + ㅜ = 수

☆ 보기와 같이 글자에 받침을 더하여 새로운 글자를
   만들고 읽어 봅시다.

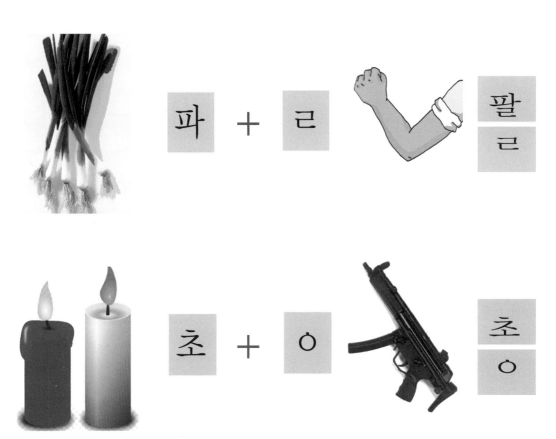

★ 보기는 자음과 모음을 합쳐 만든 글자입니다. 이를
보고 빈칸에 알맞은 모음이나 자음을 넣어 봅시다.

보기

ㄱ + ㅗ + ㅇ = 공

ㄱ + ⬭ + ㅇ = 공

ㅊ + ㅐ + ☐ = 책

ㅅ + ㅣ + ☐ = 신

ㅂ + ⬭ + ㄹ = 발

왼쪽에서 만들어진 글자를 예쁘게 따라 써 봅시다.

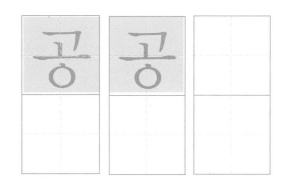

⭐ 자음과 모음을 넣어 다음의 낱말을 완성하여 봅시다.

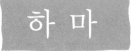

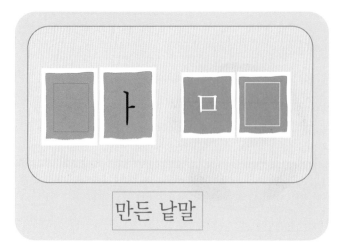

만든 낱말

고 래

만든 낱말

거 미

만든 낱말

하마

고래

거미

⭐ 모음자 'ㅛ'를 익히고 예쁘게 따라 써 봅시다.

요강

요술

⭐ '요'를 바르게 읽고 예쁘게 따라 써 봅시다.

$$ㅇ + ㅛ = 요$$

요	요	요	요	요

요	리

용	궁

⭐ '요' 가 들어가는 낱말을 따라 써 봅시다.

용	수	철

요	리		

용	궁		

★ '`ㅛ`'가 들어가는 낱말을 따라 써 봅시다.

목	욕		

요	강		

무	용		

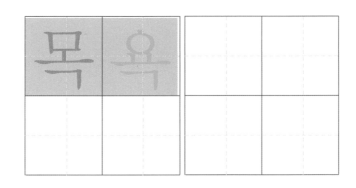

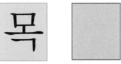

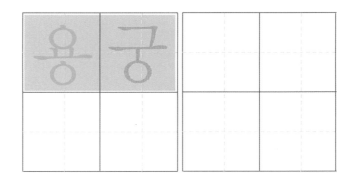

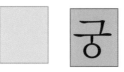

72

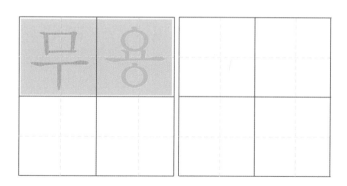

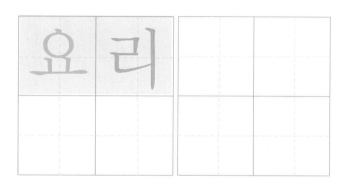

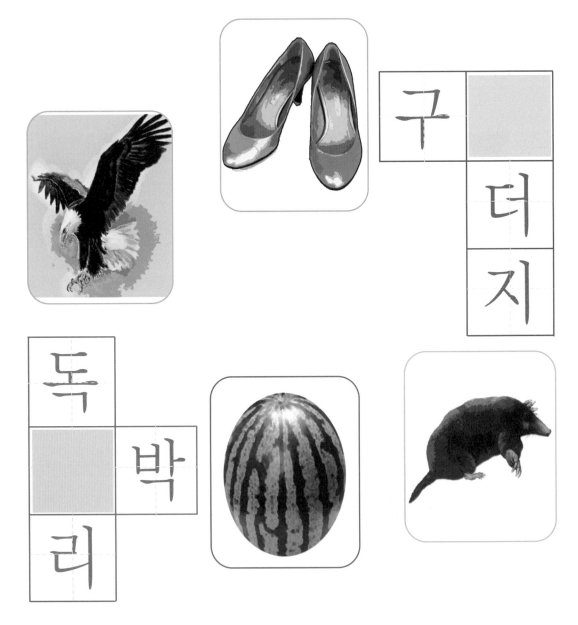

★ 다람이가 그림책에서 본 것입니다. 그림을 보고 알 맞은 글자를 써 넣어 주세요.

| 고사리 | 구두 | 고구마 | 고추 |
| 독수리 | 사탕 | 두더지 | 수박 |

구

더

지

독

박

리

추

구

마

고 리

탕

★ 빈칸에 알맞은 모음자를 보기에서 찾아 넣어 낱말을 완성하여 봅시다.

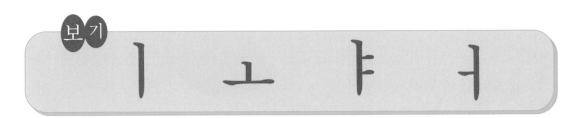

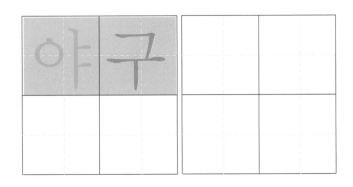

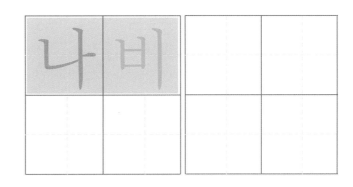

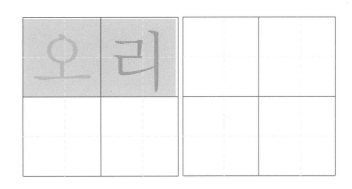

☆ ㅏ, ㅑ, ㅓ, ㅕ, ㅗ가 ㅁ, ㅂ, ㅅ, ㅇ을 만났을 때 어떤 글
자가 되는지 보고 따라 써 봅시다.

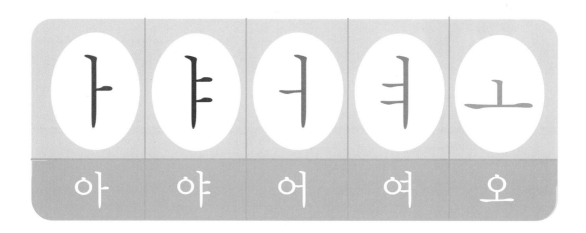

| ㅏ | ㅑ | ㅓ | ㅕ | ㅗ |

| ㅁ | 마 | 먀 | 머 | 며 | 모 |
| ㅂ | 바 | 뱌 | 버 | 벼 | 보 |

| ㅅ | 사 | 샤 | 서 | 셔 | 소 |
| ㅇ | 아 | 야 | 어 | 여 | 오 |

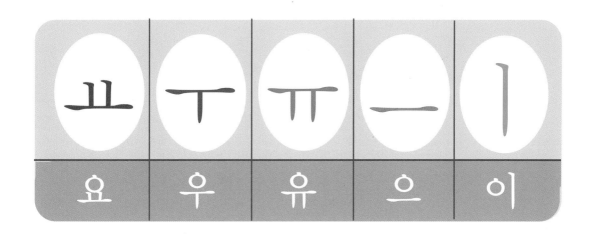

ㅁ	묘	무	뮤	므	미
ㅂ	뵤	부	뷰	브	비

ㅅ	쇼	수	슈	스	시
ㅇ	요	우	유	으	이

⭐ 모음자 'ㅜ'를 익히고 예쁘게 따라 써 봅시다.

ㅇ + ㅜ = 우

우 우 우 우 우

우산 우리 우편

⭐ '우' 가 들어가는 낱말을 따라 써 봅시다.

우	등	생

우	박		

우	비		

★ '구'가 들어가는 낱말을 따라 써 봅시다.

우 주 선

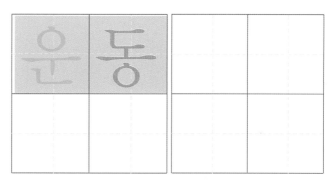

운 동

우 편

⭐ 빈칸에 알맞은 글자를 써 넣고 오른쪽 쓰기 칸에
예쁘게 따라 써 봅시다.

움	집		

 집

우	박		

박

우	비		

비

 체 통

우	체	통

 표

우	표		

 동 화

운	동	화

⭐ 자음자와 모음자를 짝지워 낱말을 만들어 봅시다.

 +  =

  + 가 = 가

 ㅇ + ㅕ = 여

 ㄴ + ㅓ = 너

만들어진 낱말을 예쁘게 따라 써 봅시다.

야	구		

가	방		

너	구	리

★ 모음자 '㤲'를 익히고 예쁘게 따라 써 봅시다.

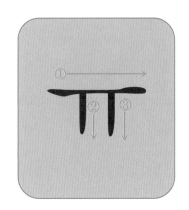

유리

유치원

☆ '유'를 바르게 읽고 예쁘게 따라 써 봅시다.

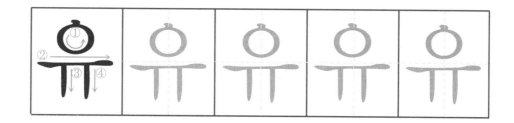

유	령

유	모	차

⭐ '윾'가 들어가는 낱말을 따라 써 봅시다.

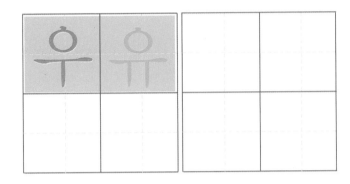

우 유

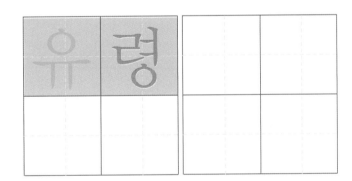

유 령

윷 놀 이

⭐ '㥕' 가 들어가는 낱말을 따라 써 봅시다.

유	모	차

유	치	원

유	리	창

★ 빈칸에 알맞은 글자를 써 넣고 오른쪽 쓰기 칸에 예쁘게 따라 써 봅시다.

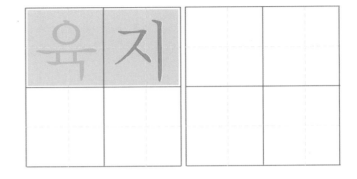

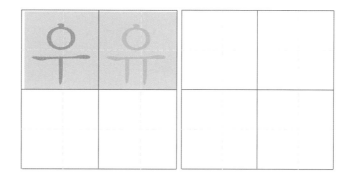

⭐ 다음의 낱말을 만들어 봅시다.

여 우

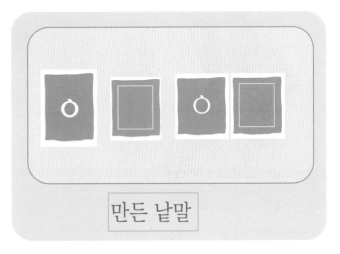

만든 낱말

오 리

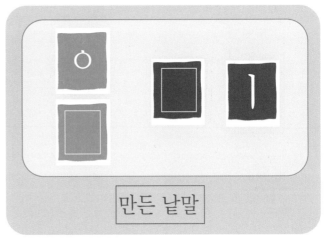

만든 낱말

우유

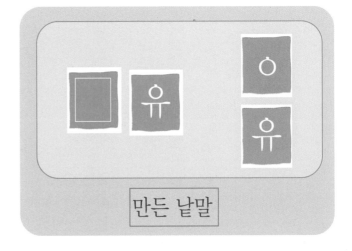

만든 낱말

⭐앞에서 만들어진 낱말을 따라 써 봅시다.

여 우

오 리

우 유

☆ 교실에서 볼 수 있는 물건의 이름입니다. 이름을 찾아 쓰고 소리 내어 읽어 봅시다.

실내화	공책	국어책	배추	치즈
연필	필통	배꼽	교실	김치

교	
	내
	화

연	
통	

김
즈

꼽
추

국
어
공

⭐ ㅏ, ㅑ, ㅓ, ㅕ, ㅗ가 ㅈ, ㅊ, ㅋ, ㅌ을 만났을 때 어떤 글자가 되는지 보고 따라 써 봅시다.

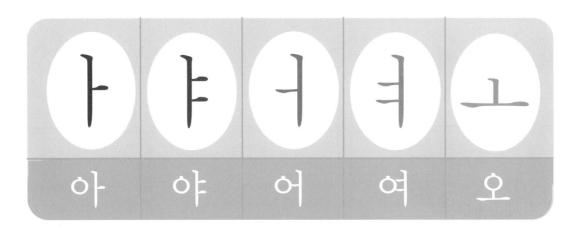

ㅏ	ㅑ	ㅓ	ㅕ	ㅗ
아	야	어	여	오

ㅈ	자	쟈	저	져	조
ㅊ	차	챠	처	쳐	초

ㅋ	카	캬	커	켜	코
ㅌ	타	탸	터	텨	토

☆ ㅛ,ㅜ,ㅠ,ㅡ,ㅣ가 ㅈ,ㅊ,ㅋ,ㅌ을 만났을 때 어떤 글
자가 되는지 보고 따라 써 봅시다.

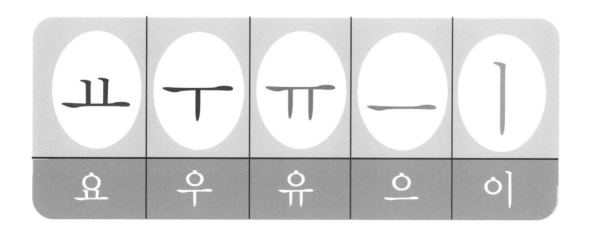

| ㅈ | 죠 | 주 | 쥬 | 즈 | 지 |
| ㅊ | 쵸 | 추 | 츄 | 츠 | 치 |

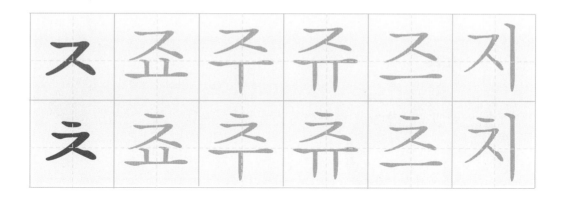

| ㅋ | 쿄 | 쿠 | 큐 | 크 | 키 |
| ㅌ | 툐 | 투 | 튜 | 트 | 티 |

★ 모음자 '_'를 익히고 예쁘게 따라 써 봅시다.

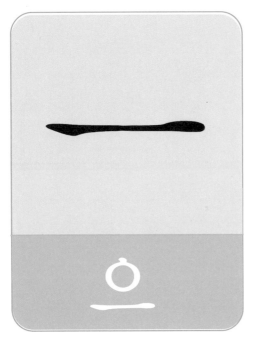
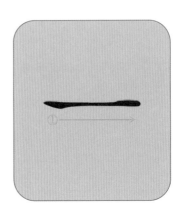

으 뜸

금 은

☆ '으'를 바르게 읽고 예쁘게 따라 써 봅시다.

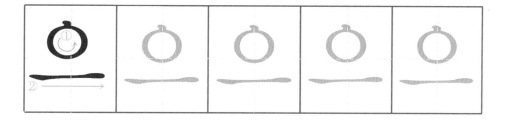

은빛

은행나무

☆ '─'가 들어가는 낱말을 따라 써 봅시다.

은	방	울

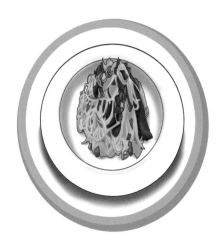

음	식		

은	행	나	무

⭐ '一' 가 들어가는 낱말을 따라 써 봅시다.

은	하	수

음	악		

금	은		

☆빈칸에 알맞은 글자를 써 넣고 오른쪽 쓰기 칸에
예쁘게 따라 써 봅시다.

은행

□ 행

금은

금 □

음식

□ 식

은	하	수

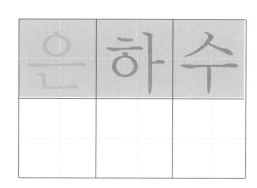

하 수

흑	곰		

곰

음	악		

악

⭐ 빈칸에 알맞은 모음자를 보기에서 찾아 넣어 낱말을 완성하여 봅시다.

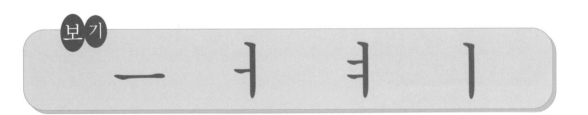

은	행		

인	어		

어	망		

ㅇ 망

여	치		

ㅇ 치

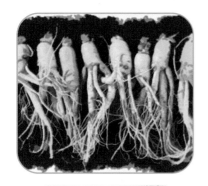

인	삼		

ㅇ 삼

⭐ 모음자 'ㅣ'를 익히고 예쁘게 따라 써 봅시다.

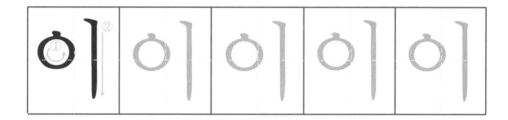

이 이 이 이 이

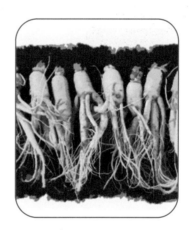

이리

인삼밭

☆ 'ㅣ'가 들어가는 낱말을 따라 써 봅시다.

이리

이슬

이빨

이웃

이층

이발관

★ 빈칸에 알맞은 글자를 써 넣고 오른쪽 쓰기 칸에
예쁘게 따라 써 봅시다.

 슬

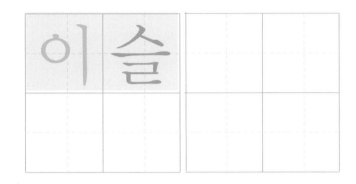

 빨

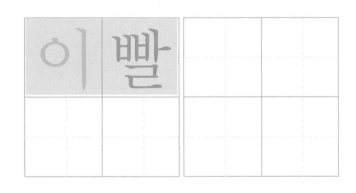

 불

112

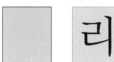 리

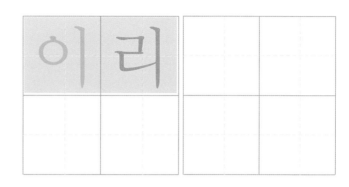

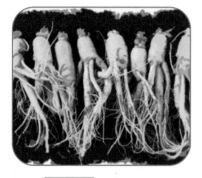

 삼

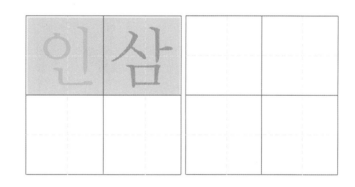

 어

⭐ 다람이가 그림책에서 본 것입니다. 그림을 보고
알맞은 글자를 써 넣어 주세요.

| 개나리 | 무릎 | 도자기 | 나팔 |
| 무지개 | 자두 | 비빔밥 | 나비 |

나 □

빔

밥

도

□ 두

기

114

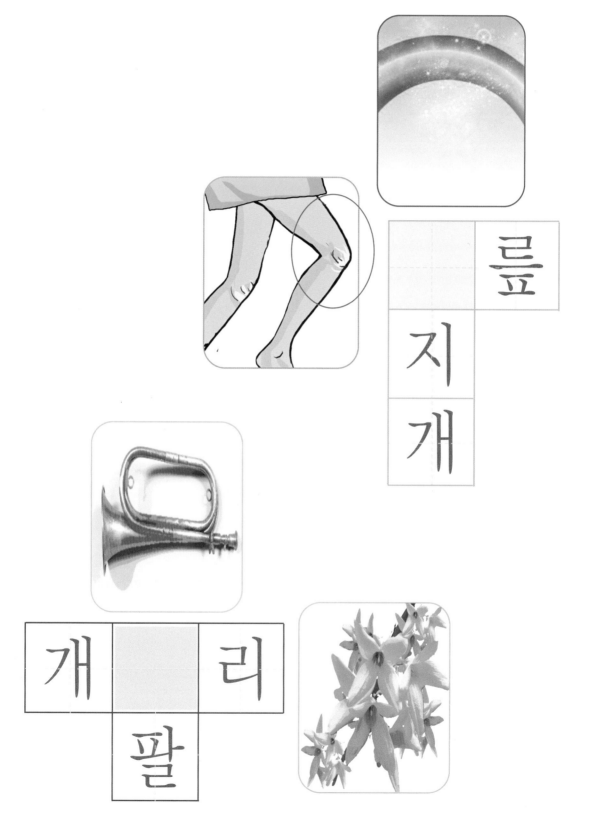

	릎
지	
개	

개		리
	팔	

☆ ㅏ, ㅑ, ㅓ, ㅕ, ㅗ가 ㅍ, ㅎ을 만났을 때 어떤 글자가
되는지 보고 따라 써 봅시다.

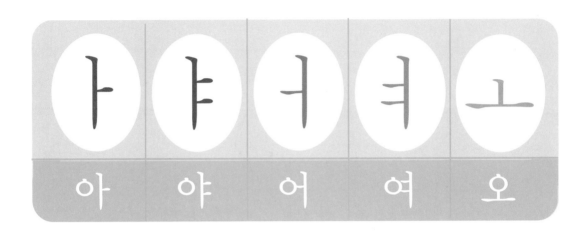

ㅏ	ㅑ	ㅓ	ㅕ	ㅗ
아	야	어	여	오

ㅍ	파	퍄	퍼	펴	포
ㅎ	하	햐	허	혀	호

★ ㅛ, ㅜ, ㅠ, ㅡ, ㅣ가 ㅍ, ㅎ을 만났을 때 어떤 글자가
되는지 보고 따라 써 봅시다.

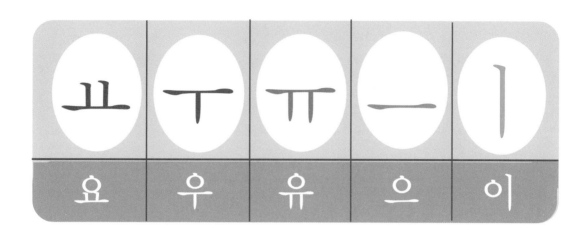

ㅍ	표	푸	퓨	프	피
ㅎ	효	후	휴	흐	히

★ 받침이 없는 글자를 익혀 봅시다.

그	네

누	나

노	루

도	끼

마	루

매	미

도	깨	비

바	구	니

미	나	리

저	고	리

버	스	바	위	마	루

배	추	보	리	오	리

소	쿠	리

타	이	어

코	끼	리

테	니	스

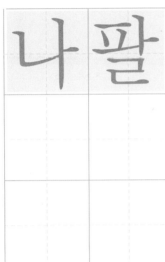

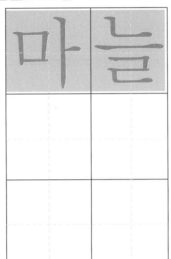

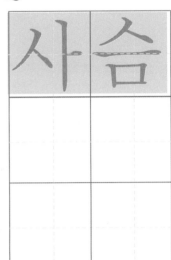

나팔

마늘

사슴

버섯

산소

보석

벙	어	리

잠	자	리

자	동	차

초	콜	릿

풍	선	한	글	해	님

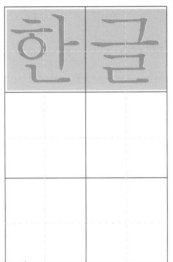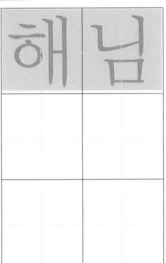

큰	곰	타	잔	택	시

파	랑	새

하	늘	소

캥	거	루

코	뿔	소

★다음 문장을 예쁘게 따라 써 봅시다.

기	우	뚱		기	우	뚱
기	우	뚱		기	우	뚱

통	나	무		어	떻	게
통	나	무		어	떻	게

옮	기	나		둘	이	서
옮	기	나		둘	이	서

들	면		되	잖	아	.
들	면		되	잖	아	.

어린이(6-7세)

국어 따라쓰기(나)

초판 발행 2015년 12월 5일

글 편집부

펴낸이 서영희 | **펴낸곳** 와이 앤 엠

편집 임명아

본문인쇄 신화 인쇄 | 제책 일진 제책

제작 이윤식 | 마케팅 강성태

주소 120-100 서울시 서대문구 홍은동 376-28

전화 (02)308-3891 | Fax (02)308-3892

E-mail yam3891@naver.com

등록 2007년 8월 29일 제312-2007-00004호

ISBN 978-89-93557-64-0   63710